UN
PLACER
CONOCERME

KARLA JANICE RODRÍGUEZ

Un placer conocerme
© 2023 Karla Janice Rodríguez
ISBN: 9798496850025
Independent Publishing

Edición: Amneris Meléndez www.amnerismelendez.com
Portada: Funtent Design
Fotos: Karla Janice Memories
Para invitaciones o pedidos: karlajanice@gmail.com

DEDICATORIA

Quiero dedicar este libro a mi hija, Liah Victoria, quien siempre llena mis días de luz. Ese sol, esa estrella que llena de vida y mi corazón. Ella es una de mis mayores inspiraciones. Quiero que, cuando crezca, pueda leer este libro para que también adquiera el mensaje que deseo llevar y se sienta orgullosa de su mamá.

A mi madre bella, Janet Rodríguez, por estar presente siempre, por apoyarme y por creer en mí. Por luchar incansablemente por mi hermano y por mí. De mi madre he aprendido demasiado, gran parte de quien soy, mi manera de ser y pensar, se lo debo a ella. ¡Te amo!

A mi Abuela Gloria y mi abuelo Andrés que lo dan todo por sus hijos y nietos. Ellos han sido piezas claves en cada etapa de mi vida. ¡Los adoro!

A cada mujer que leerá este libro.

Y a mis amigas que fueron parte del proceso de creación de este libro: Amneris y Mirelys. ¡Las amo tanto! A mi esposo, Marcos L. De Jesús, por tu apoyo e impulso, gracias por cuidarnos y llevarnos de la mano en esta etapa, un rumbo lleno de nuevas aventuras. ¡Te amo, mi amor! Gracias por esperarme, mientras pasaba horas sentada escribiendo este libro. Gracias por creer en mí y por insistir para que los catorce años juntos se volvieran en un por siempre.

A mi hermoso Dios, quien me ha llevado en este camino tan hermoso de poder ser de bendición para otras personas. Me siento muy bendecida al poder cumplir este sueño y abrazar su propósito.

A ti que estás leyendo, gracias por confiar en mí y apoyar este proyecto. Mi deseo es poder ser real para que por medio de mi experiencia puedas ser bendecida.

PRÓLOGO

Un placer conocerme es una historia real en la cual tú te podrás identificar. No tienes que haber vivido lo mismo que la autora para absorber las enseñanzas que ella anhela trasmitir. Conozco a Karla desde hace muchos años y luego de ver cuánto ha crecido y madurado, puedo volver a decirle, un gusto conocerte. Y es que todo en la vida evoluciona y cambia, incluyéndonos a nosotras mismas.

Es de valientes tomar las situaciones de la vida, buenas o malas, como escalones donde podamos apoyarnos para avanzar. Aquí conocerás cómo una mujer fue puesta frente a un espejo para ver su realidad, desnudar su alma, ceder el control y dejarse llevar por la perfecta voluntad de quien la creó.

Sumérgete en este libro con la confianza de que quien te escribe lo hace con un corazón genuino y transparente. Karla solo desea bendecirte y ayudarte con lo que, en medio de su más difícil y doloroso proceso de vida, aprendió.

Amneris Meléndez
Editora y autora de los libros De reina a princesa y Los hijos... ¡Grandes maestros!

ÍNDICE

INTRODUCCIÓN

¡No puedo creerlo! ¡Saber qué me estás leyendo es un sueño! En esta página comenzará lo que será una de mis más grandes aventuras; y a esta la llamé: **Un placer conocerme**.

Este libro es una bendición. Nació en un momento lleno de dolor, de incertidumbre, de preguntas sin respuestas, nació de mis ganas locas por ayudar y enseñar a otras mujeres a amarse. **Un placer conocerme** es el comienzo de algo nuevo. Nace para que mi dolor, mis lágrimas y mis lecciones sean de bendición para ti. Este libro te ayudará a llenarte de valor, a entender que no necesitas nada más para levantarte, solo a Dios y tus ganas. ¡No estás sola! Eres hermosa, eres increíble, eres grande, eres capaz y lo eres porque ya Dios te hizo así, ya te entregó todo eso y más. ¡Ahora desarróllalo! En esta nueva etapa de tu vida trabajarás para tu paz y tu crecimiento. Trabajarás para ver el fruto de tus decisiones. Trabajarás para que tu dolor sea la bendición de otra persona.

Por medio de este libro seré real, honesta, sin filtros, sin máscaras, sin deseos de aparentar ni de mostrarme perfecta, quiero enseñarte a abrir tu mente y tu corazón; a que puedas conocerte a ti misma y amarte primero, para que luego puedas amar y recibir amor real.

No te preocupes si no conoces mucho de la Palabra de Dios o inclusive si no has tenido una relación con Él. No soy una mujer religiosa, me defino como una mujer que ama y sigue a un Dios que lo dejó todo para acercarse a nosotros, un Dios que nos ama y desea que lleguemos a Él. Un Dios que se mezclaba para llegar a los que nadie quería llegar. Quiero ser como Él, sin juzgar, sin señalar... Ya entenderás y desearás conocer más luego de terminar este libro.

No quiero sorprenderte con una vida o palabras irreales, quiero inspirarte a que dejes la presión de la perfección a un lado, la presión de cómo deben ser las cosas, o cómo debe ser una vida correcta ante la sociedad, eso solo nos hace caer en un abismo, porque nunca será así, nunca llegarás a complacer a todos. Quiero que seas feliz. Quiero que te ames, así entenderás cuánto Dios te ama. Este no es un libro de palabras bonitas que te harán ver la vida color de rosa, en la que todo estará bien siempre... Validaré tu dolor, porque yo estuve ahí, validaré tus lágrimas sin juzgarte y te motivaré a que abraces tus etapas y tus procesos.

Quiero llevarte durante cada página, cada capítulo y cada palabra a ver el potencial y el valor que tienes, porque eres hija de un Rey, hija de un Dios vivo y real. Quiero que entiendas de dónde viene la felicidad verdadera, quiero que aprendas a salir del dolor, de la ansiedad y de la angustia que causan las desilusiones.

Quiero llevarte a ver la fidelidad y la paz que solo Él puede darnos. Quiero decirte cómo lograrlo, no solo contándote mi historia, sino llevándote de la mano como amigas. Quiero que, mientras leas cada capítulo, imagines que estamos sentadas en un lugar cálido, cómodo y no sé tú, pero yo por lo menos con un cafecito en la mano.

Quiero poder ser tu amiga y llevarte por medio de cada palabra y cada oración a ver la vida, las circunstancias y los fracasos de una manera real; pero a la vez inspirándote a que puedas ver cada etapa como parte de lo que te llevará a tu nueva TÚ.

No soy psicóloga, pero sé que las situaciones y los procesos suceden para enseñarnos, para crecer y para desarrollar nuestra fe. Y estoy segura de que Dios desea que podamos utilizar lo que vivimos para enseñarle a otros.

Así que, antes de comenzar esta aventura, quiero que oremos juntas, quiero declarar bendición sobre tu vida, quiero que este no sea un libro más, quiero que sea algo transformador y que te muestre cómo lograr una mejor versión de ti, aún cuando estés en tu momento más difícil.

Señor, bendigo la vida de esta mujer maravillosa y hermosa que ha decidido leer este libro, declaro que su corazón y su mente serán transformados, declaro que podrá verte a ti por encima de sus procesos, declaro que sus circunstancias no dictarán su futuro. Declaro que aprenderá a valorarse y amarse como tú lo haces. Ella saldrá de su dolor, de su tristeza y de sus confusiones. Ella podrá aplicar cada capítulo a su vida y luego podrá ser de bendición a otras personas. Bendigo su vida y la de los suyos.

En tu nombre Jesús,
Amén

*"NO TRATES DE SER FUERTE,
EN ESTE MOMENTO
NO ES NECESARIO".*

CAPÍTULO 1

DE CARA AL DOLOR

Pues sí, aquí estamos en el primer capítulo de lo que será un viaje juntas. Así que ponte cómoda, agarra tu tacita de café y un lápiz para que marques todo lo que entiendas que necesitarás recordar luego.

Un día, llega el dolor a tu vida de manera repentina, sin esperarlo, sin estar preparada, y sin verlo venir... Así comenzó una nueva temporada en mi vida, en una noche de verano.

Sentí que mi vida había terminado, sentí que mi cuerpo no reaccionaba, sentí que mi pecho estaba ardiendo, era como un calentón inexplicable, les prometo que sentí que me desmayaba. Era un sentimiento incontrolable. Recuerdo que para que mi hija no me viera llorar corrí al carro, allí me encerré y grité con todas mis fuerzas, mientras lloraba; recuerdo darle puños al guía y repetir muchas veces "¿por qué?". Puse las manos en mi pecho porque me dolía, sentía el cuerpo caliente. Sentía un huracán de emociones, por una parte el dolor y por otra, los pensamientos de incertidumbre con relación al futuro.

Entonces cuando pude hablar un poco, llamé a una amiga muy especial, no sabía si hacerlo por el miedo de qué pensaría, pero lo hice.

Casi sin poder hablar y sin consuelo, con un ataque de llanto terrible, le conté lo que estaba sucediendo y ella con amor de hermana y tragando hondo, comenzó a orar por mí y a llorar conmigo. Ella me ayudó a calmarme y a respirar. No sé qué hubiera hecho en su posición, ella definitivamente se llenó de valor y se dejó usar por Dios. Porque sé escuchar a una amiga en esas condiciones debe ser devastador.

Ahora bien, si has vivido una separación me entenderás. Porque cuando enfrentas una separación, sientes que el mundo se derrumba, sientes que todo terminó y nada tiene sentido. Jamás imaginé cómo se sentiría esto. Era como una pesadilla, irreal, no lograba canalizar mis emociones, no lograba entender qué sucedía. Si no lo has vivido, podría describírtelo como chocar contra un muro a gran velocidad...es devastador. Te quiero explicar un poco de mi relación para que entiendas nuestra historia.

Solía ser una relación muy hermosa, nos respetábamos, nos cuidábamos, reíamos, nos entendíamos... eran muchos años juntos, catorce para ser exacta.

Estábamos juntos desde jovencitos, nos conocimos cuando yo tenía 14 años, ninguno de los dos estuvo con alguien antes de conocernos. De novios tuvimos algunas separaciones tontas, pero nada había sido como esta vez, ahora teníamos una vida juntos y una hija.

Por alguna razón, supongo que por el tiempo que llevábamos de matrimonio, yo sentía seguridad y, en cierto punto, hasta podría decir que estábamos en una zona de comodidad dentro de nuestra relación. Pasaban cosas, pero siempre pensaba que nunca nos separaríamos. Para ser honesta estaba muy cómoda y confiada en cuanto a eso.

Las separaciones son muy dolorosas y cuando hay hijos de por medio, la situación puede volverse más dolorosa y tensa. Así que al otro día de nuestra separación comenzó lo que sería mi nueva realidad. Un nuevo capítulo se abría ante mis ojos, pero era uno demasiado doloroso.

Durante semanas, bueno, para ser exacta, durante el primer mes pasé mis días sin desear comer, comía dos bocados y me sentía llena, bajé mucho de peso (esta fue la única parte buena al principio je, je, je). Quería desaparecer, no quería ver a nadie, me acostaba a dormir y no quería levantarme de la cama, sentía que todo había perdido sentido.

Era algo tan loco, se sentía como si todo a mi alrededor estuviera en *mute* y cómo en cámara lenta... ¿Has sentido eso? ¡Es horrible!

Durante los dos meses siguientes me sentía drenada, agotada y exhausta, era una situación bien compleja. Pero hay un detalle muy importante y es que tengo una hija, una pequeña que en ese momento tenía cinco años. No podía permitir que me viera destruida, no quería que mi niña recordara a una madre sufrida, no me podía permitir ser egoísta y encerrarme en mi dolor, porque ella me necesitaba, ella también sufriría con todo esto. Por eso decidí ser intencional con ella y cuidar su corazón.

No era fácil cuidarla, mientras yo me sentía tan vacía. Por eso, tener personas que te amen a tu alrededor es clave, y mi mamá fue esa pieza clave desde el comienzo de este proceso. Ella se quedaba con mi hija alguno fines de semana y a veces algunos días en semana. Eso me permitía tener el tiempo a solas, tiempo que necesitaba para calmar lo que sentía, para llorar todo lo que necesitaba sin que mi pequeña lo notara.

En esas primeras semanas comenzaron a llegar

los pensamientos de incertidumbre, llegó el temor, el miedo a enfrentar mi realidad. Comencé a imaginarme sin él. Y habían muchas preguntas en mi cabeza: "¿Cómo le voy a explicar a mi hija que todo será diferente?" "¿Cómo pasó? "¿Por qué?" "¿Dónde quedan los planes?" "¿Y el futuro?" "¿Dónde quedó el hasta viejitos?" "¿Cuándo desapareció el "por siempre"?," "¿Cuándo olvidó el "hasta que la muerte los separe"?" "¿Lo alejé?"... Estas y muchas preguntas más inundaron mi mente.

Que difícil es cuando sentimos que nos cambian el rumbo, cuando de creer tenerlo todo, sientes que lo pierdes todo, cuando tu vida, en cuestión de segundos, cambia para siempre. Cuando crees tener todo controlado y de sopetón te das cuenta que no.

Que difícil es pensar que eso jamás te pasaría, pero mírate, ahí estás, hundida en la decepción y en la desilusión o cualquiera que sea tu circunstancia, pero estás ahí, tratando de levantar tu mirada, aunque las fuerzas cada vez son menos. Sientes que es el final, sientes que no podrás lograrlo, que tu vida ya perdió la magia, que fracasaste como madre y como esposa, que ahora serás una mujer más que entra a la lista de las separadas o divorciadas, que no le podrás dar a tus hijos lo que soñaste y planificaste... Sí, estos y muchos más son los sentimientos y pensamientos que llegan a tu vida en momentos de dolor y desilusión.

Pero no te sientas mal, porque eso es parte de esta primera etapa. Llora cada vez que lo desees, grita con todas tus fuerzas, haz lo que tengas que hacer para soltar todo lo que sientes, ¡pero hazlo! No trates de ser fuerte, en este momento no es necesario. Sé real, sé honesta contigo misma, necesitas soltar y botar todo lo que sientes.

En los próximo capítulos te mostraré las etapas que pasamos en momentos como estos, todas somos diferentes, así que tal vez alguna la sobrepases sin darte cuenta o te estanques. Pero cuidado, porque hay algunas etapas que pueden hacerte daño; quiero que estés alerta para que seas intencional y trabajes para continuar sin detenerte.

No te presiones pensando en que tienes que mantener tu cabeza arriba y que no puedes caerte. Todo eso está bien, y claro que sí, debemos pensar así... pero vamos, seamos honestas, **¿si no tocamos el piso como nos levantaremos?** Somos humanas y hay situaciones que inevitablemente nos harán sentir destrozadas. Permítete olvidar lo perfecta que la sociedad o tus cercanos te han impulsado a ser, recuerda esto: **fingir que no duele, solo dolerá más.**

El problema no está en que toques el piso, el problema está en que quieras quedarte ahí y no levantarte. ¡Y eso amiga mía, no te lo puedes permitir!

No sé cual sea tu situación actual, si es parecida a la mía o totalmente diferente. Pero algo sí sé, cualquiera que sea tu etapa, tu situación, tu dolor, al final todas necesitamos recordar de quien somos hijas. Y por medio de mi historia te contaré del amor propio y de mi encuentro con Dios.

Dios mismo será tu guía, y te ayudará en todo; Él jamás te abandonará. ¡Echa fuera el miedo y la cobardía!
Deuteronomio 31:8 TLA

Dios bendice a los que sufren, pues Él los consolará.
Mateo 5:4 TLA

Así que pongan sus preocupaciones en las manos de Dios, pues Él tiene cuidado de ustedes.
1 Pedro 5:7 TLA

"STOP OVERTHINKING"

CAPÍTULO 2

DECIDE CONTINUAR...

¿Cómo se decide continuar cuando solo tienes deseos de estar sola? ¿Cómo se supone que deba continuar si siento que lo perdí todo en segundos?

Pues sí, amiga, hay que continuar... Yo tuve que sacar agallas y valor para levantarme. Aunque para decirte la verdad, caminaba sin fuerzas, mas bien arrastraba los pies, pero comencé a moverme y esa fue la decisión inicial. Esta decisión de moverte, aunque sea arrastrándote, es la que comenzará a darle forma a tu vida y a la de los tuyos. **No importa cómo comiences a moverte, lo importante es comenzar.**

"Stop overthinking!" Deja de pensar y repensar tanto en el porqué, qué hice, cuándo pasó... Eso solo te mantendrá vagando y lastimándote.

Decidí que no me quedaría estancada, comencé a pensar en mí y en lo que yo merecía. Las respuestas a lo que pasaría de ahora en adelante no las tenía, (aún en esta etapa hay muchas cosas que no entenderás). No sabía cómo lo lograría, no sabía qué hacer, no tenía idea de qué debía pedirle a Dios, ni siquiera sabía con claridad que debía declarar o pedir en mis oraciones.

Pero comencé a tomar acción, por mí y por mi

hija. Al cabo de una semana de lo sucedido decidí comprar libros para ocupar mi mente y aunque no lo creas, me leí tres libros en un mes y medio. Para mí eso es un milagro, yo no tenía el hábito de terminar libros, siempre los compraba porque me encanta tenerlos y olerlos ja, ja, ja, pero no los terminaba. La lectura comenzó a darme muchos beneficios, así que era algo positivo, un punto a mi favor.

Además, tener cerca a personas que te aman es muy importante, y yo tenía un grupo de amigas y familia que estaban de la mano conmigo (en el capítulo de *Ángeles sin alas* les contaré). Algo significativo fueron los mensajes y canciones que escuchaba en YouTube. En realidad trataba de mantener mi mente ocupada todo el tiempo para no darle vueltas a la situación. Amaba y amo escuchar mensajes, escuchaba temas para la mujer y mensajes sanadores. Les prometo que lo hacía todo el día, era como mi terapia, aunque estuviera ocupada siempre trataba de mantenerme escuchando algo. Eso me mantuvo "tranquila", ya que no le daba espacios de tiempo a la mente para concentrarse en el problema.

Algo que también me marcó grandemente fue volver a ver la película *War Room*, definitivamente es una película poderosa y con un mensaje profundo. Si aún no la has visto, hazlo. Gracias a la película, comencé a practicar el Cuarto de Oración, he involucré a mi hija. No tienes idea de lo hermoso que fue hacer esto junto a ella, ¡se lo disfrutaba tanto! Lo hicimos en el *closet*, fui muy intencional, allí lloré cuando estaba sola, peleé con Dios, grité y, en ocasiones, guardé silencio. Pero también allí, mientras oraba, le mostré a mi hija que en el dolor y sin fuerzas, estar conectadas a Dios nos ayudaría a salir de esa situación.

El ejemplo que, sin darme cuenta, le di a mi hija, fue el de luchar, confiar y creer. Sé que cuando crezca, recordará a una madre que en vez de alejarse le mostró el amor de Dios.

Quiero contarte esto porque aún se me paran los pelos al recordarlo: Un día, cuando terminé de bañarme, me percaté que mi hija estaba orando de rodillas en la esquina del *closet* que preparamos juntas. Ella solo tenía cinco años. ¿Sabes qué? No pude contener mi llanto, fue un momento demasiado santo, demasiado hermoso. Entonces comprendí que no era en vano lo que estaba haciendo.

Fue en esa esquinita donde pude ver cuánto poder tiene la oración. Allí comprendí y sentí a Dios personalmente, ya no era por lo que me decían, ahora era lo que yo estaba experimentando.

Tal vez puedas tener muchos pensamientos o dudas sobre tu relación con Dios, como: ¿buscarlo ahora porque tengo un problema?, ¿cómo debo orar?, ¿qué debo decir?, estuve lejos y no me atrevo, no merezco acercarme ahora…

¡Pero No, no y no! Esto no funciona así, **Él está para ti SIEMPRE, siempre está disponible, siempre te espera. A Él no le importa cómo era tu relación con Él antes, o si ni siquiera había una.** Él solo quiere que sepas que es tu Padre; y así como una madre y un padre están para sus hijos sin importar lo que hayan hecho o lo lejos que estuvieron... así Él estará por siempre para ti. Solo te toca decidir si deseas agarrar su mano.

Tu situación actual no debe alejarte de Él, no caigas en esa trampa. Tu redención, tu renovación, tu sanación, tu felicidad y muchas cosas más, vendrán junto con las nuevas decisiones que tomarás, **comenzando por hacerte amiga de Dios.** Esta será la decisión inicial en este momento y por el resto de tu vida.

¡Decisiones! Nuestra vida, nuestro camino, los resultados que obtenemos... tienen mucho que ver con nuestras decisiones. Tú decides si quedarte lamentándote o levantarte y dejar atrás lo que pasó. Comienza a darle color a lo bueno. Amiga, ahora no lo ves, pero créeme te mostraré que puedes encontrar muchísimas cosas buenas en medio de situaciones dolorosas. Yo te ayudaré, pero la decisión será tuya. Yo te compartiré lo que me funcionó y tu decidirás si te funciona. ¡Vamos, tú puedes! ¡Decídelo! Quiero verte sonreír, quiero que recibas lo que mereces, quiero que camines por ti y los tuyos, quiero que abraces tu proceso, quiero que aprendas, quiero que crezcas, quiero que te mires al espejo y pienses en lo hermosa y poderosa que eres.

Lo que sucederá de ahora en adelante dependerá de tu actitud, de tus ganas, ¡de tus DECISIONES!

¡Todo lo puedo en Cristo que me fortalece!
Filipenses 4:13 NVI

Por lo tanto, si alguno está en Cristo, es una nueva creación. ¡Lo viejo ha pasado, ha llegado ya lo nuevo!
2 Corintios 5:17 NVI

El Señor es bueno;
es un refugio en el día de la angustia.
El Señor conoce a los que en él confían,
Nahúm 1:7 DHH

Escucha lo que te mando: Esfuérzate y sé valiente. No temas ni desmayes, que yo soy el Señor tu Dios, y estaré contigo por dondequiera que vayas.
Josué 1:9 RVC

"Y AHÍ FUE QUE ENTENDÍ LO QUE ERA ENTREGARLE TODO A ÉL".

CAPÍTULO 3

PERDONAR

Esta palabra puede ser un tanto difícil cuando sentimos que nos han abandonado o cuando sentimos que esa persona no merece nuestro perdón. Lo sé y te entiendo. Pero, ¿qué me dices de perdonar sin que te pidan perdón? Eso sí se escucha ridículo y sin sentido, ¿verdad? Pues para Dios sí tiene sentido, y créeme, ya tiene un plan pensado.

Desde el principio de toda esta situación le pedí a Dios que guardara mi corazón y el de mi niña. Puede parecer una petición algo sencilla y repetida, pero no es así, te aseguro que Dios nos brindó su cuidado.

Quiero contarte cómo aprendí y cómo Dios me llevó a perdonar.

Un día, luego de llevar a mi pequeña a su colegio, regresé a mi hogar con muchas emociones de odio, dolor, agonía y ansiedad... Sentía muchísimo coraje, o más bien ira. Quería gritar, me sentía confundida, era uno de esos momentos en los cuales ni tú te reconoces. Sentía que algo me decía "entra a tu cuarto de oración", pero no quería, lo batallé demasiado.

Decidí entrar casi a empujones. Recuerdo que comencé a llorar y a gritar (esto a casi tres meses de la separación), te juro que lloraba con tantas ganas que creí que me rompería por dentro. La batalla que tenía era muy fuerte me dolía la cabeza y el corazón.

Mientras todo esto ocurría, solo escuchaba a Dios dentro de mí, diciéndome: "tienes que perdonar, tienes que perdonar, tienes que perdonar…" Y mientras lo escuchaba, más coraje me daba, porque no quería aceptarlo y mucho menos decir en voz alta "PERDONO". Estuve peleando con Dios y cuestionándole, yo solo sentía dolor. Dios solo quería que le entregara todo a Él, que soltara. Pero como una niña pequeña no sabía cómo soltar lo que por tanto tiempo controlé con mis propias fuerzas.

Recuerdo que allí había una caja y yo le daba golpes con todas mis fuerzas, allí también tenía una almohada y para que nadie me escuchara la apretaba en mi rostro, mientras lloraba con mucho dolor. Después de un buen rato, dije en voz alta "perdono, está bien Dios, perdono…" y recuerdo que durante unos minutos suspiré como cuando los bebés lloran y se van calmando. Sentía a Dios amándome, acariciándome y cuidándome.

Ahora viene la mejor parte, después de decir en voz alta "perdono", comencé a sentir que todo se iba, sentí su consuelo, sentí que el peso, el dolor, el rencor disminuían, no fue que desaparecieron por arte de magia, fue el poder de su amor abrazándome, sentí calma y paz, sentí como si hubiese soltado un gran peso de mi espalda. **Y ahí fue que entendí lo que era entregarle todo a Él, entregárselo de verdad.** Fue difícil soltar todo y ceder el control, pero al hacerlo lo que sentí fue inexplicable.

Por alguna razón tener "el control" nos hace pensar que las cosas serán como nosotras deseamos, pero eso no es real, es la mentira más grande, eso solo nos agobia.

Si has sentido que una persona no merece tu perdón, solo quiero decirte, que al final el beneficio es para ti. Perdona… así crecerás, vivirás, aprenderás, soltarás y serás libre de los sentimientos que te quieren ahogar en el sufrimiento.

En tus procesos siempre busca hacer cosas que limpien tu corazón y tu mente, porque recuerda que de ahí mana la vida (Proverbios 4:23); y si tu corazón está dañado, dañarás a los que tienes cerca, quienes no merecen ser afectados.

"NO TENGAS TEMOR, ÉL ESTÁ CONTIGO MIRANDO CÓMO HAS LLORADO Y CÓMO HAS SUFRIDO".

CAPÍTULO 4

LA NOCHE QUE BAILAMOS

Un viernes en la noche, mientras lavaba los platos sucios y limpiaba la cocina, me puse los audífonos y comencé a escuchar una canción, que nunca antes había escuchado.

Cuando comenzó, coloqué mis manos como si fuese a bailar con una persona, cerré mis ojos, comencé a dar pasos y vueltas con los ojos cerrados. Como toda una bailarina ja, ja, ja y ¿sabes qué? No sé si me creas, si lo puedas entender o visualizar... pero de repente, comencé a llorar, llorar y llorar; pero era de alegría, era un llanto que jamás había experimentado. Esa noche sentí que el espacio imaginario que formé con mis brazos fue ocupado por el mismo Jesús. Sentí su abrazo de Padre, su amor, su compasión y cómo sanaba mi corazón, fue algo que por más que trate de explicar jamás haría justicia al momento. Me sentí tan amada, tan mimada y tan cuidada. Fue un momento que quedará grabado por siempre en mi corazón, aún ahora, mientras lo escribo, lo siento tan real.

Mientras todo esto pasaba yo continuaba con los ojos cerrados, bailando, llorando y sonriendo. Sentía que me decía: "estoy contigo, te estoy sanando, veo cómo me adoras en tu dolor y en tu proceso... Y aquí estoy, bailando contigo". No me cabe la menor duda de que, ¡definitivamente bailé con Él!

¡No te imaginas lo que significó este momento para mí! Solo le preguntaba: "¿por qué eres así?, ¿por qué eres tan lindo?... Gracias Papá, gracias, gracias..." Solo podía agradecerle por este *date* que tuvimos. ¡Qué gran detalle!

¿Cuántas veces Dios ha deseado sacarte a bailar y tú simplemente has preferido quedarte sentada y no tomar su mano? ¿Cuántas veces has preferido pensar que jamás podrás salir de la situación que estás viviendo?, ¿Cuántas veces ha sido más el miedo a lo desconocido o el miedo a la voluntad de Dios que la confianza en Él?

Te entiendo, yo tuve mucho miedo de enfrentar la voluntad de Dios y lo que Él tuviera para mí. Cuando oraba realmente imponía lo que yo quería que sucediera, había cosas que continuaba controlando, porque de alguna manera me daba tranquilidad manipular los resultados, resultados que para ser honesta eran los que yo deseaba. Si has hecho esto, tranquila, no te sientas mal, es totalmente humano y normal, pero te aseguro que no te llevará a a ningún lugar. Solo te mantendrá dando vueltas, te mantendrá estancada y no será hasta que decidas soltarle la situación por completo a Él cuando comenzará tu sanación. Te aseguro que solo así, recibirás su paz.

En muchas ocasiones me he visto consolando o aconsejando a chicas en situaciones difíciles, y siempre les digo: Imagina a Dios sentado en una mesa con un tablero abierto con fichas, ese tablero representa tu vida. Imagínalo a Él, moviendo las fichas de tu vida y tomando el control total de cada jugada. El resultado al final será bueno, aunque en el proceso haya dolor. Ahora, tan solo imaginarlo a Él llevando el control me hace sentir confiada.

No tengas temor, Él está contigo mirando cómo has llorado y cómo has sufrido. Pero desea que lo mires y que comiences a disfrutar de tu proceso, sabiendo y confiando en que al final **Él siempre estará esperándote para bailar contigo.**

Deja que sea Él, quien realice los primeros pasos del baile, por un momento en tu vida déjate llevar, sigue su ritmo, siente sus movimientos y mueve tus pies según Él los mueva. **Te aseguro que cuando lo hagas, habrás tenido el mejor baile de tu vida.**

*"ÉL SIEMPRE ESTARÁ
ESPERÁNDOTE PARA
BAILAR CONTIGO".*

En ti confío; ¡a ti dirijo mi oración! Cada nuevo día hazme saber que me amas; ¡dime qué debo hacer!
Salmos 143:8 TLA

Nosotros amamos a Dios porque él nos amó primero.
1 Juan 4:19 NVI

¡Fíjense qué gran amor nos ha dado el Padre, que se nos llame hijos de Dios! ¡Y lo somos!
1 Juan 3:1 NVI

Yo les he dicho estas cosas para que en mí hallen paz. En este mundo afrontarán aflicciones, pero ¡anímense! Yo he vencido al mundo.
Juan 16:33 NVI

Les doy la paz, mi propia paz, que no es como la paz que se desea en este mundo. No se preocupen ni tengan miedo por lo que pronto va a pasar.
Juan 14:27 TLA

*"NO TE NIEGUES A
TENERLES CERCA,
ELLOS TE AYUDARÁN
A SANAR".*

CAPÍTULO 5

ÁNGELES SIN ALAS

Mis ángeles me hicieron sentir tan bendecida en todo ese tiempo de dolor, confusión, soledad e incertidumbre... Tal vez te preguntarás, ¿qué son Ángeles sin alas? Pues te cuento, para mí, los ángeles sin alas son esas personas que están o llegan a nuestras vidas con un propósito. Son esas personas que no cabe duda que son piezas claves del rompecabezas de alguna de tus temporadas. A veces se mantienen en tu vida y otras solo siguen su camino luego de haber sido parte de tu proceso.

Son quienes hacen que todo pase de manera más sutil y llevadera. Son ellos los que te sacan una sonrisa, los que te escuchan hablar sobre tu problema (aunque repitas lo mismo todos los días, durante meses).

Quiero contarte un poco más de mis ángeles. Porque tal vez tú los tienes, pero no los has notado. Le doy gracias a Dios por los míos, mi mamita, ¡hay que mujer tan sabia y tan fuerte! Mi mamá me ayudó tanto, nunca me juzgó, siempre me abrazó y me cubrió con su amor y sus oraciones, también fue una pieza clave en el cuidado de mi hija, estaba siempre pendiente de que nada nos faltara. Mi abuelita, quien con su ternura y esa mirada de amor por su nieta y bisnieta, nos llenaba de cuidados y atenciones. Mi abuelo, quien ha sido mi Papá, estuvo siempre pendiente y me ayudó a preparar el lugar al que luego me mudé con mi hija.

Y mis Charlie,s Angels, mis nenas, unas amigas que se merecen el cielo, ¡qué mucho me escucharon y me ayudaron! No tengo palabras, para agradecerles por tanto amor y por estar conmigo, por estar pendientes y cuidarme. Me acompañaron en mis momentos tristes, en los momentos buenos, en los momentos buenísimos y para ser honesta, en algunos momentos locos. Le pido a Papá Dios que las cuide mucho.

Además, tuve a una persona que no dudó en darme la mano en medio de uno de los procesos más difíciles de una separación, la parte legal. Ella fue enviada claramente por Dios. Si no la hubiese tenido, el proceso hubiera sido otro totalmente distinto, no conozco nada de proceso ni lenguajes legales, pero esta mujer... ¡Dios mío, que gran ser humano. Le pido a Dios que la siga bendiciendo!

Claro, también está la familia y personas cercanas, pero siempre habrá unas personas claves. ¿Quiénes son esas o esa persona clave para ti?

Cada persona llegó en el momento preciso.¡Cuán importante fue tenerlas! Junto a ellas aprendí tanto, tantas cosas que había olvidado. Junto a ellas las risas, las lágrimas, las palabras eran tan reales y sanadoras. Con ellas hablé cosas que jamás había hablado, y ¡cuán importante fue! No podía creer que antes no hubiera sacado este tiempo de amigas. ¡Con ellas entendí tantas cosas! Ellas me enseñaron y despertaron en mí, lo importante, valiosa, hermosa, capaz, inteligente y simpática que siempre fui.

Entre muchas cosas más, me ayudaron a verme diferente y a sentirme más segura de mí misma. Aprendí de todas. Nuestras experiencias nos ayudaron a cada una de maneras diferentes. Una de ellas estaba pasando también por un proceso muy difícil de separación; definitivamente Dios no se equivoca, nos encontramos en el momento perfecto para ambas.

"¡ES HORA DE PENSAR EN TI!
¡ES TU MOMENTO!"

Ahora bien, detengámonos aquí, te quiero ser bien sincera y honesta en cuanto a esto, porque es necesario que entiendas lo importante de tener personas reales y que te amen de verdad, que no te juzguen y que te guíen. En procesos como estos necesitamos apoyo y, aunque no lo deseemos, también necesitamos compañía, el tenerles cerca es clave para lograr superar ciertas etapas. Dale gracias a Dios por ellos y valora tenerlos. No te niegues a tenerles cerca, ellos te ayudarán a sanar.

Pero ten cuidado, no confundas la amabilidad, selecciona con cuidado quiénes estarán a tu lado, lo que puedas ver como ayuda o buena intención a veces puede hacerte más daño. Elige con cuidado, no es momento para recibir más desilusiones, **es momento de alejarte de las malas intenciones disfrazadas de preocupación**, aléjate de todo lo que pueda estancarte. ¡No es hora para eso! ¡Es hora de pensar en ti! ¡Es tu momento!

Mi mandamiento es este: Que se amen unos a otros como yo los he amado a ustedes. El amor más grande que uno puede tener es dar su vida por sus amigos.
Juan 15:12-13 DHH

"COMIENZA POCO A POCO".

CAPÍTULO 6
ESTÁ PERMITIDO...

Está permitido ser egoístas, sí suena algo raro y tal vez hasta incorrecto, pero dame un momento, ahora te voy a explicar.

La mayoría de nosotras cuando tenemos pareja, cuando nos casamos o cuando tenemos hijos, al pasar del tiempo nos olvidamos de nosotras para ser de todos. Resolvemos todo, cubrimos básicamente todas las áreas: cocinamos, trabajamos, lavamos ropa, recogemos, limpiamos, cuidamos los niños... y lo más increíble es disfrutamos hacer la mayoría de las tareas. Porque si te pasa como a mí, yo disfruto las tareas del hogar y me encanta tener mi casa al día.

Yo hacía y hago todo con amor. Yo me sentía y me siento satisfecha cuando puedo ser útil en tantas áreas a la vez. ¿Pero sabes qué? Cuando surgió la separación rápidamente pude notar cuánto me había olvidado de mí para ser para otros, cuánto tiempo había invertido en el hogar y hasta cuánto tiempo perdí en familia por mis deseos de tener todo en orden. Entonces noté que a tan corta edad y sin darme cuenta fueron pocas las veces que pensé en mí, fueron pocas las veces que me regalé tiempo de calidad y hasta tiempo de calidad juntos.

Así que decidí que eso cambiaría, y que era

tiempo de comenzar a trabajar para una mejor versión de mí.

Comencé a dedicarme tiempo: ir al gimnasio, salir a cenar con amigas, recibir tratamientos corporales, cosas que me hacían sentir cuidada por mí misma.

Tenía tiempo en silencio, tiempo para leer, un café a solas, o con amigas, una copa de vino a solas o con amigas. ¿Por qué te menciono a solas y con amigas? Porque estar a solas también es necesario y muy importante, te permite organizar tus pensamientos. Comencé a salir sin planificar tanto. Además, aproveché e involucré a mi niña en algunas actividades extracurriculares.

¿Qué vas hacer ahora? ¿Aún no sabes?; Pues comenzarás por AMARTE, vas a vivir, vas a reír, vas a salir, vas hacer cosas que antes no hiciste, visita lugares nuevos, viaja, arréglate, vete de *shopping*, haz turismo interno, tómate muchas fotos, inscríbete en el gimnasio, ve a la playa, hazte un piercing nuevo... ja, ja, ja. Es hora de hacer, hacer y hacer. Ya no más después, ya no más luego, ya no más mañana. Es ahora o seguirás estancada en tu dolor. Habla, háblale a otras mujeres, no sabes de qué manera puedes ayudarle a otras mujeres con tu historia. No estoy diciendo que hacer estas cosas te llevarán mágicamente a olvidar, sanar o limpiar tu alma y tu corazón. Pero créeme que serán de mucha ayuda para ti y tu interior.

Te ayudará a comenzar a conocerte, a descubrirte, a ver de qué eres capaz y a crecer en experiencias y autoestima.

Comienza poco a poco, y ya verás que bien te sentirás.

"HABRÁ MOMENTOS EN LOS CUALES TENDRÁS QUE DECIDIR SI CONFIAR EN ÉL O MORIR DE DOLOR; Y EN ESOS MOMENTOS, TU FE CRECERÁ".

CAPÍTULO 7

ENTRE PAPELES

Llegó el día de ir al tribunal y yo aún no lo creía. Jamás imaginé que llegaríamos al divorcio. El día antes, mi mamá me dio la horrible noticia de que la operarían de emergencia de un tumor en el cerebro, justo el día del divorcio. Para ser honesta, aunque jamás imaginé estar en esa situación, dentro de todo sentía paz, además estuve acompañada de uno de esos ángeles, mi licenciada favorita. Ella fue enviada por Dios para dejarme saber que todo estaría bien.

No les voy a mentir, fue muy incómodo y en ocasiones me daba hasta lástima mirar a quien fue mi esposo por tantos años, ya que en sus ojos se veía tristeza e impotencia. Pero a la vez me sentía con muchas fuerzas de continuar. Mientras estaba en el proceso con el juez, quería salir corriendo y llegar al hospital con mi mamá. Sentía mi corazón y mi mente agobiados. Fue de esos días en los que tu cuerpo está en el lugar, pero tu mente y corazón no.

Muchas veces nos hemos encontrado en una posición en la que pensamos, ¿realmente voy a seguir sufriendo? ¿Diosito me estás acompañando? ¿Van a seguir las malas noticias? Todo se junta a la vez, es frustrante y te deja sin fuerzas. Pero ¿sabes qué?, ahí también puedes aprender y recordar que no será nunca con nuestras fuerzas, será con las fuerzas de Dios.

*"AHÍ TAMBIÉN PUDE APRENDER
Y RECORDAR QUE NO
SERÁ NUNCA CON MIS FUERZAS".*

En momentos como esos pensamos que no saldremos del sufrimiento, que no damos para más, que ya se terminó... es cuando Dios se manifiesta, nos eleva, y nos pone su equipo de protección para que lo batallemos con la frente en alto.

Estando en el tribunal vi tanto odio entre parejas que esperaban su turno a ser llamados, el ambiente era pesado y desagradable. Nosotros podíamos dialogar pasivamente, pero en el fondo me cuestionaba cómo era posible estar ahí llenos de rencor y tan distantes, luego de tantos años y momentos hermosos.

Luego de terminar con todo seguimos nuestro camino y yo me dirigí al hospital a esperar que Mamita saliera. Entonces, allí sentí tristeza y preocupación, fue un día en el que estuve hundida en sentimientos muy fuertes.

En momentos así es cuando debemos recordar que tenemos y debemos estar cerca y conectados con Dios, porque habrán momentos en los que solo nos sostendremos por su gracia y su bondad, por nuestra relación con Él, esa relación que te dará la certeza de que todo pasará.

Habrán momentos en los cuales tendrás que decidir si confiar en Él o morir de dolor; y en esos momentos tu fe crecerá.

*"ENTONCES SABRÁS LO
QUE MERECES Y NADIE
TE PODRÁ CONVENCER
CON PALABRAS BONITAS,
PORQUE YA SABES LO
QUE ES AMOR DE VERDAD".*

CAPÍTULO 8

UN PLACER CONOCERME

Sí ya sé, este título suena raro, pero ahora entenderás. Por eso titulé mi libro: *Un placer conocerme*, porque detalla lo que ocurrió en mí. De esta manera siento que fue mi proceso al principio, raro y curioso, pero con grandes propósitos de enseñanza. Durante este proceso tomé la decisión de aprender y crecer en base a todo lo que estaba pasando. Si no tomamos la decisión de aprovechar nuestros procesos para aprender de ellos, entonces puedes considerarlo tiempo perdido. Nada es casualidad y muchas veces hay temporadas necesarias para transformarnos. Eso fue justo lo que sentí en mi temporada, en mi proceso. Fui transformada. Puedo decirte, como le he dicho a todo el que me pregunta, soy Karla antes del proceso y Karla después del proceso. Amo la mujer que soy hoy y aún tengo mucho por aprender, pero amo grandemente en quien me he convertido.

Soy una mujer más segura, más calmada, pienso antes de hacer o decir algo, ahora puedo esperar mejor que antes, ya no soy tan impulsiva... y podría decirte muchas cosas más. Siento que conocí muchas áreas de mí, que antes no conocía. Tuve tiempo para analizar cómo podría mejorar y descubrí que había muchas cosas que no sé cómo mi pareja soportó. Uy... que feo, ¿verdad? Pues sí, era muy compulsiva, sufría de falta de confianza, tenía deseos excesivos de controlar, pero no fue hasta que me tocó vivir mi proceso que pude notarlo. Quería llevar siempre el control, porque eso me hacía sentir segura, en mi inmadurez tener el control me daba la satisfacción errónea de que todo estaba bien, porque yo iba guiando nuestra relación.

En mi proceso tomé decisiones buenas y no tan buenas, pero no me arrepiento de ninguna, porque de ellas aprendí. Tuve experiencias que jamás planifiqué y que disfruté, como también tuve experiencias que tampoco planifiqué y aunque me llenaron de dolor, también aprendí de ellas.

Quiero aprovechar que te estoy hablando de la nueva YO, para alertarte acerca de etapas dentro de nuestros procesos que pueden dañar los planes de Dios. En momentos de vulnerabilidad, podemos cometer errores que pueden acompañarnos por siempre.

Cuando estamos en situaciones algo difíciles en los que como mujeres deseamos sentirnos "amadas" podemos abrir nuestros oídos y nuestros corazones a las personas incorrectas, y esto, aunque en el momento pinta divertido y atractivo puede dañar tu corazón más de lo que ya estaba. Esas personas que se acercan muchas veces saben lo que hacen, solo se aprovechan de tu situación y luego se van.

Yo lo viví. Durante un tiempo, aunque algo corto, fui víctima de una sonrisa y voz atractiva, una voz que me invitaba a fallarme y fallarle a Dios. En momentos sentía mucha adrenalina y hasta me gustaba todo lo que sentía, claro porque esto como mujer te hace sentir que eres bella, atractiva y deseada. Además de que estas relaciones relámpagos te hacen pensar que estás olvidando tu dolor y muchas veces esos hombres se aprovechan porque saben cuánta necesidad tienes. Pero al final cuando los buenos momentos terminan, vuelves a recordar que solo estás matando el tiempo. Y vuelves a estar herida y, peor aún, comienzas a sentirte utilizada.

Cuando hablaba con mis amigas era un relajo hablar de cuántos hombres llegan, te escriben, te comentan, te buscan... no sé cómo, pero por alguna razón reconocen cuando estás soltera. Seguramente entiendes de lo que hablo, pero para mí era un terreno totalmente nuevo, porque recuerda, había estado desde mis 14 años con el papá de mi hija.

Como te conté en la introducción, mi intención no es hacerme ver como perfecta, porque ya de eso estamos cansadas, mi intención es abrirte mi corazón para que aprendas y estés preparada, o para que simplemente no te sientas sola, si ya lo viviste.

En ese tiempo que estuve sola comencé a cogerle el gustito a todas las atenciones que recibía, aunque en el fondo siempre supe que no era real, pero me envolví. No todo fue malo, pero sí cometí errores que me llenaron de dolor en medio de mi dolor. ¿Que irónico no?

Pues sí, sufres porque piensas que podrás vacilar sin envolverte, pero al final siempre hay algo que sueltas de ti. Una vez vi una imagen algo cruda, pero que me hizo sentido luego de esto, era una mujer en una cama y una figura demoniaca encima de ella; y mientras tenían intimidad, él le pasaba a ella todas sus malicias y ella soltaba un pedazo de su corazón. ¡Qué horrible verdad! Pues eso es literal lo que sucede en nosotras cuando nos ponemos a abrir nuestra vida y nuestro corazón a desconocidos que no valoran quienes somos, porque no tienen ninguna intención real, solo aprovecharse de tu dolor. Se disfrazan de consoladores, amigos, tan atentos y detallistas.... Bla, bla, bla.

Sé sabia en cuanto a esto, porque sin darnos cuenta caemos muy fácil en estos ciclos y enredos. **Es un error gigante buscar sentirnos amadas, porque aún no hemos entendido que ya lo somos.** ¡Y cuán amadas! Solo cuando entiendas que su amor cubre todo lo que puedas necesitar, entonces te amarás y luego amarás salu-

dablemente. ¿Entendiste? Puede parecer un trabalenguas, pero te lo explico de nuevo. Dios te ama, dio su vida por ti. Su amor cubre todas las áreas de tu vida. Su amor para ti es como ninguno, es inexplicable. Ahora, cuando entiendes eso, el siguiente paso es AMARTE a ti misma con esas mismas fuerzas como lo hace Dios. Entonces sabrás lo que mereces y nadie te podrá convencer con palabras bonitas porque ya sabes lo que es amor de verdad. Y es ahí cuando podrás amar a los tuyos de una manera saludable, porque te AMAS. **El amor propio es mágico, te llena de vida y es clave para continuar.**

El amor propio me ayudó a ser una madre llena de intención para con mi niña, porque entendí que amarme me traería felicidad y mi hija tendría a una madre llena de vida y amor hacia ella misma. El amor propio te enseña a decirte lo hermosa que eres sin esperar que nadie lo haga, te lleva a regalarte flores sin tener que llorar porque alguien más no lo hace. Te enseña a valorarte y a cortar con personas tóxicas, personas que llegan en tus procesos para restar y no para sumar.

Ámate, ámate con todas tus fuerzas, porque si tú no lo haces, ¿quién lo hará por ti?

"PERO AL FINAL CUANDO LA DIVERSIÓN TERMINA, VUELVES A RECORDAR QUE SOLO ESTÁS MATANDO EL TIEMPO".

Al principio te dije que no todas las decisiones fueron malas, porque así es, en momentos me equivoqué, pero en la mayoría del tiempo dedicaba el tiempo a amarme, mimarme, conocerme; ver realmente qué yo deseaba y no lo que alguien más deseaba. Comencé a pensar en mí, pero no a base de lo que la sociedad dice, sino lo que yo quería para mí.

Gracias a las malas decisiones crecí, ¡y de que manera! Pero no crecí automáticamente, crecí porque decidí que aprendería, y que no permitiría que las cosas pasaran en vano. Decidí que yo sería de bendición para otras mujeres y que ellas podrían aprender de lo que yo viví y aprendí.

En la vida siempre habrá situaciones complicadas, pero solo está en tus manos decidir si serán de crecimiento o de atraso para ti.

No te culpes ni te reproches por malas pisadas, no te exijas ser la mujer perfecta, exígete levantarte y aprender. Levantar tu cabeza y aprender de los errores es una decisión.

*"PERO YA ESTABA
ESCRITO LO QUE
EN UN MOMENTO
RECLAMÉ Y DECLARÉ".*

CAPÍTULO 9

CUIDADO CON LO QUE PIDES.

Antes de comenzar quiero darte más detalles en cuanto al *War Room* o sea la esquina de oración que hice con mi hija en el *closet*, ¿recuerdas que te lo conté? Pues, necesito explicarte unas cosas para que te rías, llores y te sorprendas en los próximos capítulos.

Primero, si no has visto la película, definitivamente necesitas verla. Marcará tu vida y la de tu familia. En todo mi proceso escribía todo lo que me sucedía en una libreta. También, escribía mis oraciones a Dios y las pegaba en la pared. Oraciones declarando muchas cosas. Mi hija también ponía sus peticiones, muchas veces en dibujos o me decía a mí qué escribir.

Tengo un video de ella imitando una escena de la película. Miraba por la ventana, con voz fuerte y con autoridad decía: "Enemigo, tú no tienes a mi familia, mi familia es de Dios". Amiga mía, sí, así como lo lees, una niña de cinco años declarando eso con todo el corazón. En ese momento mis lágrimas bajaban y solo pensaba: "Gracias Señor, porque ella ha visto en mí una mujer llena de ti, guerrera, confiada, llena de fe y esperanza".

*"GRACIAS SEÑOR,
PORQUE ELLA HA VISTO
EN MÍ UNA MUJER LLENA
DE TI, GUERRERA, CONFIADA,
LLENA DE FE Y ESPERANZA".*

Luego de unos 6 meses comencé a dejar de escribir oraciones y guardé las que había escrito, porque ya había entendido que todo había terminado. Así que tuve una etapa en la que me alejé de ese cuarto; simplemente dejé de pedir por mi familia y comencé a vivir mi nueva realidad.

Les confieso que llegó un tiempo que hasta disfrutaba estar sola, ya no extrañaba a mi pareja, ya no sentía nada, sentía como una gran pausa dentro de mí, podía verlo y simplemente ser cordial y listo. Ya no sentía nada por él, y hasta me prometí que jamás volvería atrás. Si me vieras, la mujer más segura del mundo, yo sabía lo que quería, estaba muy segura.

Me dejé llevar por emociones y personas pasajeras, (lo que les conté en el capítulo anterior), dejé de orar como antes y sin darme cuenta me alejé. Pero ya estaba escrito lo que en un momento reclamé y declaré.

Llegó un tiempo que hasta olvidé todo lo que había escrito. Ya no recordaba lo que en algún momento deseé y declaré con todas mis fuerzas. Necesito que ahora que sabes esto, no lo olvides mientras comienzas a leer los próximos capítulos.

"DIOS UTILIZA TODO PARA ENSEÑAR A LOS QUE EN ÉL HAN CONFIADO".

CAPÍTULO 10

¡ESTO TIENE QUE SER UNA BROMA!

¿Te ha pasado que crees que tienes todo "cuadra'o", que tienes tu futuro planificado? Según tú, ya Dios te ha dejado claro lo que quiere para ti y luego de superar tantas situaciones y de olvidar el pasado, entiendes que todo está en control.

Pues, mira lo que me pasó... En el momento en que había logrado unas metas importantes, había cerrado pequeños ciclos tóxicos de personas que habían llegado nuevas en medio del proceso y que estaba en lo que yo creía mi mejor momento. Taraaaan.... Aquí viene lo bueno.

En el proceso de escribir este libro me detuve durante unos meses, porque me sentía en una pausa interior, sentía, que aun faltaban cosas por suceder que debían estar aquí escritas, pero aun no entendía cuáles eran esas cosas, porque a mi entender ya todo estaba "cuadra'o".

Jamás imaginé que Dios me fuera a jugar una broma como la que estoy a punto de contarles. ¿Por qué lo digo de esta forma? Pues, porque así mismo le dije: "¡Esto tiene que ser una broma!" "¡A la verdad que eres bien jocoso!" "¿Qué esta pasando aquí?" "¡Esto sí que no lo vi venir!" Estas fueron algunas de las muchas expresiones que le decía a Dios mientras sentía que algo no iba bien.

Cuando nos cambian los planes que teníamos ya escritos, muchas veces nos mueven el piso, porque usualmente planificar y restablecerse es algo que conlleva tiempo, esmero, toma de decisiones, superar dolores, frustraciones, lágrimas, confusiones, en fin, los cambios son difíciles y luego de haberlos superado lo más normal es que las cosas continúen como las planificaste o imaginaste.

Pero, qué tal si ese no era el plan de Dios, si solo estabas en un proceso para luego comenzar a escribir nuevos capítulos de otro nuevo proceso. Sí, lo sé, se escucha aterrador o por lo menos así yo lo veía. Terminar un proceso para comenzar otro, así de sencillo y corridito.

Al principio le dije muchas cosas a Dios, le preguntaba por qué, y hasta le dije: "¡No inventes, no quiero, no me hagas esto, ya se acabó, sufrí demasiado!" Mis pensamientos no se detenían. Estaba llena de miedos e incertidumbre.

Sí, porque a veces creemos que lo sabemos todo. Pero te tengo una noticia, así no funciona, porque Él hace como quiere con nuestras vidas, porque nuestras vidas son libros abiertos en los cuales Él escribe como quiere.

Quizás estés pensando: "Karla, ¡pero acaba y dime qué pasó!"
Pues aquí vamos... ¿Estás lista?

Antes, quiero contarte algunas cosas que comenzaron a suceder. Recuerdo un día que llevé a mi niña a ver a sus abuelos paternos, y su mamá me dijo: "Karla, necesito contarte algo. Él llegó aquí a casa empapado de la lluvia, llorando, lleno de dolor y solo me decía: "mami, mami no sé que hice, lo perdí todo, perdí a mi familia".

Eso me revolcó el estómago y me puso el corazón pequeñito, pero a la vez solo pensaba, "bueno, este es su proceso. Le toca superarlo ahora".

Pasó el tiempo y comencé los trámites de mudanza, en el cual el papá de mi hija me ayudó. Así que, luego de un año básicamente de no compartir tiempo juntos, tuve que montarme en su carro para llevar las cosas a donde sería mi nuevo apartamento. Él dijo que quería "ayudarme con las cosas de la nena".

Pues mira, en el camino no perdió el tiempo y

trató de enviarme alguna señal, pero yo de "oídos sordos", no veo, no escucho, no siento ja, ja,
ja.

Anteriormente, ya había dado signos
algo raros, pero yo lo ignoraba y continuaba mi vida. Signos muy obvios, pero
yo estaba felizmente sola y divorciada.

Mientras pasaban los días, él seguía ayudándome y a la vez intentando, de manera sutil, ex-
presarme lo que sentía. Hello! Lo conozco desde
mis 14 años y al momento de esta historia teníamos 29 años aproximadamente, conozco cualquier mirada o acto que pudiera intentar.

Pero, amigas mías, ya estábamos divorciados.
Imagínense, a mí lo que me daba era coraje que
ahora él deseara hacer algo. Así que yo, muy
fuerte y decidida, solo pensaba "ya se te fue el
barco papito, lo lamento...." Se los cuento como
mismo lo pensaba.

Pero comenzó a pasar algo que jamás imaginé, ni
vi venir. Luego de un año de sentirme muy fuerte
y decidida, comencé a sentirme confundida.

Recuerdo un día estar bañándome, el baño de

aquel apartamento donde me mudé, era blanco por todos lados, con una luz natural envidiable, y preguntarle a Dios: "¿qué haces? ¿por qué está pasando esto?" Amiga, no tienes idea de todo lo que venía a mi mente con solo pensar que algo dentro de mí se estaba despertando por él. Recuerdan que les conté que yo le había pedido a Dios que congelara todo dentro de mí que pudiera sentir algo por él. Pues así yo me sentía, era algo bien raro, pero siempre supe que era Dios cuidándome.

Entonces, pasó el tiempo, y continuábamos en la misma dinámica, pero yo me hacía las más fuerte, porque realmente yo estaba decidida a no volver atrás. Imagínate, qué iban a decir las personas, qué horror después de divorciarnos, cómo sería, por qué ahora. De hecho, hago un paréntesis, ahora me importa muy poco lo que piensen las personas, pero eso lo aprendí luego, cierro paréntesis. Eran muchos pensamientos a la vez. Por eso, comencé a orar para que Dios trajera claridad a mi mente, porque solo sentía una tormenta de emociones.

Cuántas veces nos hemos sentido así, dentro de un caos mental porque estamos batallando con emociones, pensamientos y temores. Muchas veces cuando lo tienes todo "cuadra'o" lo menos que quieres es que te cambien los planes, sientes que es hasta injusto. Debido a esta situación, estaba experimentando mucha ansiedad.

Pero, Dios utiliza todo para enseñar a los que en Él han confiado. Siempre hay un propósito y aunque en esta etapa no tenía claro nada, en el fondo sabía que algo pasaría. Hasta mis amigas me decían: "creo que esta historia va a tomar un nuevo giro", así que me tocó soltar el control otra vez y comenzar a escuchar la voz de Dios dentro de mí.

Antes de continuar para el siguiente capítulo, me encantaría recordarte y aclararte algo muy importante. Independientemente lo que estés viviendo, todos los casos son diferentes, mi separación fue debido a inmadurez, descuido de la relación, necesidad de aceptar trabajar áreas que debíamos mejorar desde hace mucho y urgencia de tener prioridades correctas; pero creer que nunca perderás a esa persona te hace seguir de largo. En nuestra relación nunca existió el maltrato, ni el engaño y esto es algo muy importante que debo mencionar, (pronto te abundaré un poco más acerca de esto).

Te digo esto porque si te encuentras en una relación dañina, llena de maltratos, donde eres minimizada, atacada y dañada, no deberías estar ahí, tú mereces ser amada. Estar con un hombre por los hijos también es un gran error, nunca pienses que debes permanecer o aguantar por los hijos, porque tus hijos sufrirán más viéndote sufrir. Si la sociedad te ha dicho que debes aguantar, porque eso se deben las esposas, NO ES ASÍ, ¡huye! En muchos lugares llenos de religión le enseñan a la mujer que debe guardar silencio y permanecer orando, mientras son maltratadas. No creas en eso, Dios no quiere eso para ti. Levántate y sal de ahí.

Es importante recordar que tu milagro no tiene que ser igual al mío, solo Dios sabe lo que vendrá. Seguramente verás algo hermoso y grande pasar en tu vida, así lo declaro. Mantén viva la fe y trabaja para ti, cuidándote, aprendiendo y creciendo.

Tal vez te ha sucedido y te ha lastimado, escuchar cómo otras personas hablan de tus procesos sin conocerlos o sin darse la tarea de acercarse a ti. Tristemente en este tipo de procesos algunas personas toman tus situaciones hasta como temas de entretenimiento; es como si se alimen-

*"CONFÍA EN QUE DIOS
ESTÁ EN CONTROL Y
LO DEMÁS, SUÉLTALO".*

taran de tu dolor. Yo aprendí que muchas veces estas personas sufren a escondidas y se ven reflejados. En mi caso hasta comentaron que yo decidí darle una oportunidad a mi pareja por mi hija. Cuando escuché eso, me dio mucho coraje, pero luego pensé: claramente no me conocen ni un poquito, jamás haría ni aceptaría algo que no sea genuino, ni mucho menos sin haber pasado por el sí de Dios. De mis errores aprendí a no ceder a mis emociones hasta que Dios me dé su aprobación.

Habrá situaciones en las que te verás invitada al coraje, al odio, a defenderte, a tomar acción, pero el mejor consejo que puedo darte es que descanses en Dios, créeme que a su tiempo Él sacará la verdad a la luz y no tendrás que aclarar nada. No cojas esa carga ni te mortifiques. Confía en que Dios está en control y lo demás, suéltalo.

Así que compartiéndote esto por tu bien y por lo que te he hablado de cuidar lo que dices y a quien le prestas oídos, podemos continuar.

*"NO TE REPROCHES POR
COSAS DEL PASADO,
HAZ QUE TODO HAYA
VALIDO LA PENA".*

CAPÍTULO 11

UN PLACER CONOCERNOS

Conocer a una persona que ya conocías es algo que jamás creí que pudiera suceder. ¡Qué locura! Podríamos llamarlo re-conocernos . A este punto, mientras escribo este capítulo, ya llevamos re-conciliados aproximadamente dos años. Conocernos de nuevo fue algo que jamás imaginé disfrutar. Pero en el proceso, literalmente, fue como conocer a otra persona. De haber estado juntos desde los catorce años, ahora se siente como comenzar de cero. Pero esto es mucho más profundo de lo que pueden imaginar. La transformación que hubo en nosotros es hermosa.

Ya ustedes saben de mí, porque les conté que soy una Karla diferente, llena de confianza, seguridad y madurez; que aprendí y crecí en medio de mi proceso más doloroso. Una mujer que ahora sabe amarse y amar saludablemente. Una mujer que no se desprecia y que reconoce cuando falla. Una mujer que está llena del amor que Dios. Una mujer que aprendió que tener el control no asegura una relación.

Y ese hombre lo olía y lo sentía, se moría mientras veía todo eso en mí. Claro, que me puedo echar esas flores por todas las veces que me lo ha dicho. Él me cuenta todo lo que sentía cuando me veía y yo me muero de la risa, porque jamás imaginé que sintiera o notara todo eso en mí.

¿Sabes por qué no pensé que él lo notara? Porque no crecí, no cambié, ni maduré para demostrarle nada a nadie. Todo lo hice para mí y por mí. ¡Y ahí esta la clave chicas! Así que no quiero que pienses lo voy hacer para que vean, lo voy a comprar para que vean, voy a ponerme esto para que vean.... ¡NO! Nada de eso. Hazlo todo para que tú lo disfrutes.

Volviendo al tema; ya ustedes conocen de mí y de mis cambios, porque ya les conté. Pero amiga mía, te cuento que acabo de conocer un hombre que ¡ay, mamá! ¡Qué cosa más maravillosa! Ja, ja, ja. Él siempre fue especial con nosotras, pero amiga esta vez es otra cosa. Ahora hay un gran deseo de hacernos felices mutuamente. Esta vez el amor se siente más puro, más completo, más decidido. Sí, porque muchas veces hay que decidir amar.

Yo lo amaba, pero ahora es un amor sano, lleno de admiración y confianza. Un amor pasivo de mi parte, sin extremas exigencias, sin ese sentido enfermizo de pertenencia, porque ya a este punto había entendido que el que quiere estar, está porque así lo desea.

Ahora los momentos de calidad son más disfrutados. Ahora tenemos la madurez de resolver diferencias y no estar una semana sin hablarnos, ahora disfrutamos de cualquier cosa que sea juntos. La comunicación en la vida íntima es demasiado hermosa.

Tenemos nuestros tiempos con amistades, tenemos tiempo en nuestros pasatiempos, tenemos la oportunidad de disfrutar de lo que disfruta el otro. ¿Perfección? No, no he mencionado esa palabra, es mejor que perfecto; somos dos personas imperfectas, aprendiendo todos los días cómo dentro de nuestras imperfecciones, seguir creciendo, apoyándonos y respetándonos.

Cuando lo pierdes todo, por alguna razón, valoras y entiendes más, no debería ser así pero a veces lo es. Cuando tienes la oportunidad de conocer personas te das cuentas que quizás nunca valoraste lo que tenías en casa. Y en ese tiempo que estuvimos separados, ambos pudimos ser testigos de esa gran verdad. Además, estar juntos desde tan chicos supongo que nos hizo acostumbrarnos y creer que jamás nos perderíamos.

Antes de volver, pasó mucho tiempo, tuvimos muchísimos momentos para tener conversaciones profundas, llenas de honestidad donde pudimos hablar abiertamente de todo. En una reconciliación, si no pueden ser capaces de esto, podría ser un paso perdido muy importante, porque pueden quedarse preguntas vagando y en algún momento innecesario, esas preguntas saldrán sin pedir permiso.

Así que una vez más puedo decir que, aunque fue doloroso, fue más el aprendizaje que adquirimos. Y si me preguntaran: Karla, ¿valió la pena pasar por todo ese tiempo difícil para ser quien eres hoy, o ser quienes son hoy? Diría un gran sí.

No te reproches por cosas del pasado, haz que todo haya valido la pena.

*"¡NUESTRAS ORACIONES
FUERON CONTESTADAS!"*

CAPÍTULO 12

EL CORDÓN

Ay, ay, ay... este capítulo no estaba pensado y eso hace que lo ame. A este punto ya había terminado el libro, pero como las cosas de Dios son perfectas, todo se atrasó y definitivamente había un plan y era poder compartirles esta temporada tan importante en la que nos encontramos hoy.

Al momento de escribir este capítulo llevamos 4 años desde que nos reconciliamos. Nos casamos nuevamente, fue extremadamente íntimo y la carita de nuestra niña fue invaluable. En el 2011 cuando nos casamos, hicimos un *party* de casi 250 personas, y quiero que sepan que este de veinte personas fue muy especial.

Y aquí viene la explicación al título de este capítulo, la historia del cordón... Antes de divorciarnos, vivíamos en una hermosa casa, en la cual estábamos muy bien. Una casa ubicada en una urbanización con acceso controlado, donde nos sentíamos seguros y cómodos. Al separarnos, tuve que dejar la casa, ya que en una separación las finanzas se ven muy afectadas y al ser madre soltera tuve que irme a vivir para un apartamento, el cual amé, pero fue muy difícil dejar todo atrás y adaptarme a otro lugar.

Cuando nos reconciliamos nos mudamos a una casa, la cual tuvimos que reconstruir para poder habitarla, y allí vivimos dos años. Luego se nos dio la oportunidad de regresar a la casa que habíamos dejado cuando nos divorciamos.

Fue hermoso volver a entrar por esas puertas y ver un canvas en blanco, listo para ser amado y acogido nuevamente por nosotros.

Desde que entramos por el portón, nuestra niña estaba muy emocionada y decía "¡Lo recuerdo! ¡Recuerdo este lugar! ¡Mira el parquecito!" Al entrar a la casa ella fue conmigo al cuarto máster, y al llegar al closet me dijo: "Mamá, en este *closet* orábamos juntas". Fue un momento demasiado emotivo que me llenó de tanta felicidad y de tanta satisfacción. No fueron en vano mis lágrimas ni mis oraciones, la transformación fue para los

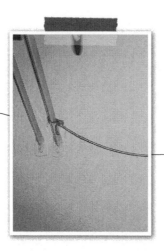

tres. ¡Nuestras oraciones fueron contestadas! Al entrar al *closet*, ¿sabes qué había luego de cuatro años y de haber estado alquilada por otras personas? No lo vas a creer...

"¡Mamá! Mira, EL CORDÓN, el cordón donde poníamos nuestras fotos y las oraciones". O sea, ¿cómo a nadie se le ocurrió cortar ese cordón? Estaba en un lugar visible y quizás pudo haberle molestado a los inquilinos, pero aún estaba allí como una señal visible de que lo que ocurrió en ese cuarto de oración fue tan real que nos trajo de vuelta a casa.

Por medio de ese cordón Dios nos habló una vez más, recordándonos que Él siempre tuvo el control y que a restituido todo lo que alguna vez perdimos.

*"SI HAY ALGO QUE AMÉ
EN ESTE TIEMPO FUE
VERLA CRECER. LA VI
LUCHAR Y LA VI
BRILLAR SIN MÍ".*

CAPÍTULO 13

ÉL

Ahora, te tengo una sorpresa. Este capítulo es especial e inesperado porque podrás ver desde otro ángulo la historia de una manera resumida. Podrás entrar al corazón y la mente de otra persona, que tal vez ni imaginaste.

La idea de este capítulo es que conozcas muchas cosas que mi esposo y yo hemos hablado. No es lo mismo que yo te diga, a que él te explique desde su punto de vista.

Quiero presentarte al hombre que volví a conocer, un hombre que ha robado mi corazón. Sin más preámbulos, aquí suelto la batuta por el resto de este capítulo a mi esposo Marcos.

Hola, permíteme presentarme; desde ahora hasta finalizar este capítulo me leerás a mí, a ese hombre del que se habla en muchas partes de este libro. Gracias a esta mujer tan especial por esa presentación.

Para ser totalmente sincero, esa noche en la que comenzó nuestra separación me sentía feliz. Sabía que desde ese momento tendría la oportunidad de alejarme, estar solo y hacer cosas que de casado no podía, porque causaban demasiadas discusiones con mi esposa. A la misma vez era algo raro, me sentía confundido, porque realmente amaba a mi esposa, amaba a mi hija, a mi familia, mi hogar. Había estado con ella desde mis catorce años, habíamos vivido cosas hermosas.

Por desear tener cosas que estando casado no podía, decidí alejar a mi esposa de mí, diciéndole cosas que sabía que le dolerían y que sabía que ella misma decidiría alejarse. Jamás la maltraté, jamás le fui infiel, jamás le hice daño. Sin embargo, quería irme corriendo y le hice pensar cosas que yo sabía que la harían decirme: vete.

Luego de todo esto, comenzó lo que yo deseaba. Al principio, claro, me gustó, estaba solo, iba a donde quería, compraba sin dar explicaciones y no me importaba nada, para mí era lo más cómodo.

Al pasar el tiempo, me di cuenta que no era lo que yo esperaba o cómo pensé que sería. Empecé a sentirme vacío y triste. En ese tiempo en el que estuvimos separados, como bien ella les contó, ambos tuvimos la oportunidad de hablar, conocer y compartir con otras personas; pero jamás imaginé que eso me ayudaría a entender y valorar lo que yo había dejado atrás. Y me duele mucho que haya tenido que pasar así. Mientras estuve solo, aprendí a valorar cosas que pensaba que eran pequeñas, cosas que las daba por normales, debido a la costumbre de tenerlas, ahora se me hacían grandes y las extrañaba.

Ese tiempo solo me sirvió para crecer y madurar como padre y como hombre. Este tiempo solo me hizo darme contra el piso, no sé si has escuchado el dicho que dice: "Déjalo, déjalo que se dé con la cabeza contra el piso para que aprenda". Pues quiero que sepas que yo no di con la cabeza, yo di con la cabeza, con la espalda, con el pecho, y con los brazos...

Al pasar el tiempo, solo quería regresar y tenerlas de vuelta conmigo. Y fue la gracia de Dios la que me llevaba a desearlo todos los días. ¿La gracia de Dios? Pero, ¿qué tiene que ver la gracia de Dios?, te preguntarás. Pues sí, porque su gracia en muchos malos momentos me sostuvo y me hizo entrar en razón.

Viví muchas cosas que me llevaron a pensar: "si no me hubiera alejado de mi esposa, esto no me estaría pasando, estaría bien y tranquilo. ¿Por qué? ¿Por qué tomé esa decisión?" Sabía que lo que había hecho era un gran error. Solo pensaba en el amor que yo le tenía a mi esposa, a mi hija y a Dios… extrañaba todas esas cosas.

¿Qué aprendí en todo este tiempo? Primero que nada, a valorarla más de lo alguna vez lo había hecho, a valorarla como esposa, como mujer, como madre. Aprendí a ver los detalles en las pequeñas cosas, aprendí a hablar, aprendí que las mentiras no nos llevan nada, aprendí a crecer la confianza de pareja, aprendí a valorar el tiempo juntos, aprendí a tratar de pensar más como ella, a ponerme en su lugar, ahora somos un mejor equipo.

Dicen que detrás de cada hombre hay una gran mujer, pero hace poco escuché una canción que dio en el clavo, y dice: "Que la mujer estuvo al frente siempre, abriendo caminos". Y así es, ella nunca estuvo detrás, ella siempre estuvo al frente, ayudándome y apoyándome.

A ti mujer que me lees; si estás pasando por alguna situación parecida, quiero invitarte a que lleves tu mentalidad a un nivel alto, a que sueltes esas cadenas mentales. Y que apliques todas y cada una de las cosas que Karla te habla en este libro. Valórate, ámate, no vayas corriendo detrás de un hombre, no digo que no luches por lo que amas, digo que te pongas en primer lugar. Digo que aproveches este tipo de proceso para conocerte y aprender a llenar tu vasija, primero de Dios, de amor para ti y luego, si Dios así lo quiere, pues una relación. Ningún hombre añade valor a tu vida, el valor ya Dios te lo dio.

Si hay algo que amé en este tiempo fue verla crecer, madurar y seguir caminando llena de fuerzas.

*"EL HOMBRE QUE
LLEGUE A TU VIDA,
LLEGARÁ PARA
COMPLEMENTARTE,
NO PARA COMPLETARTE".*

La vi luchar y la vi brillar sin mí, así que entendí que ella no me necesitaba para brillar. Me duele cada lágrima que derramó por culpa de mis decisiones y asumo la responsabilidad por ellas. Le doy gracias a Dios por la transformación que hizo en mí y en ella. Luego de conocernos desde adolescentes, siento lo mismo que ella dijo: Somos dos personas muy diferentes a quienes éramos. Nuestra relación está llena de confianza, diálogo, amor, respeto y apoyo; no somos perfectos, pero sí puedo decirte que disfrutamos estar juntos.

Ella oró por mí, aun sin desear volver a estar conmigo, y se lo agradezco mucho. Eso me recuerda qué tipo de mujer es y de qué está hecha.

Así que brilla con todas tus fuerzas y camina por ti y para ti. El hombre que llegue a tu vida, llegará para COMPLEMENTARTE, NO PARA COMPLETARTE, porque ya Dios te hizo completa.

CAPÍTULO 14

QUIERO VERTE BRILLAR

Quiero verte brillar, sí, quiero verte levantarte y comenzar a sonreír. Lo sé y te entiendo, duele y mucho. Las rupturas de relaciones, las pérdidas, los cambios y todo lo que no estamos preparadas a enfrentar son cosas difíciles de digerir, difíciles de enfrentar. Pero me encantaría saber que algo de lo que te compartí te funcione.

Quiero estar segura de que brillarás, que luego de llorar, gritar y tener miles de momentos de dolor, te levantarás y te llenarás de valor. Quiero saber que te aceptarás y te amarás con todas tus caídas. Que amarás tus marcas, tus arrugas, tus manchas. Que crecerás y aprenderás de tus tropiezos y errores, que no los verás cómo horrores, sino que serán tu mejor diploma en la universidad de la vida.

Quiero saber que sonreirás por ti y los tuyos. Que te pondrás como prioridad. Recuerda que, si tú estás bien, los tuyos lo estarán. Y algo muy importante: si tus emociones están en orden podrás dar amor correctamente, pero también podrás elegir el amor que mereces. No olvides la palabra AMOR PROPIO, porque de ahí sale el comienzo de una nueva tú. El amor propio te llevará a entender por quién fuiste creada y el valor que ya Él te dio.

Ahora, para finalizar este libro, primero quiero

"NO DUDES, PORQUE DE TU CAOS, ÉL HARÁ UNA OBRA MAESTRA".

92   UN PLACER CONOCERME | KARLA JANICE RODRÍGUEZ

darte las gracias por haberme hecho parte de tu vida. Gracias por leerme, gracias por abrir tu corazón y leer cada palabra que aquí te comparto. Mientras lo escribía lloré, sonreí y oré por cada vida que fuera a tomarlo en sus manos. Así que, declaro sobre tu vida bendición, protección, salud, entendimiento y sabiduría para llevar cada situación y cada lágrima a los pies de Jesús. Declaro que podrás manejar tus emociones. Él, solo Él, tendrá la respuesta de tus dudas, en el silencio podrás escucharlo. Solo teniéndolo como mi mejor amigo y Padre fue que tuve la oportunidad de crecer y entender. Solo Él es capaz de hacer eso en nuestras vidas. Por eso, aprendí que el amor verdadero no viene de nadie, solo de Él, y nadie puede ocupar ese espacio en nuestras vidas. Ten paz, confía y entrégale todas tus cargas. No dudes, porque de tu caos, Él hará una obra maestra.

Te abrazo, Karla Janice Rodríguez

COMPROMISO CONMIGO

Yo, _____ me comprometo a cuidar de mi corazón, mi mente y salud física. Me comprometo a amarme y respetarme. Me comprometo a mirarme en el espejo y decirme en voz alta lo hermosa que soy. Creeré en que fui, soy y seré amada por mi Señor. Tendré la certeza de que fui creada con amor y con un propósito. Soy cabeza y no cola. Soy suficiente. Soy inteligente. Soy capaz. Soy valiente.

Nadie me completa porque ya estoy completa en Jesús, quien esté en mi vida o quien llegue lo hará para complementarme, impulsarme y apoyarme.

Sé lo que valgo y sé lo que merezco. Velaré por mí y trabajaré para estar bien en todas las áreas de mi vida. Así mismo, aceptaré los días no tan buenos y abrazaré mis momentos de tristeza y llanto, porque estaré segura de que tú, mi Dios, estarás conmigo.

Buscaré ayuda cuantas veces sea necesario y

me rodearé de personas que aporten a mi crecimiento emocional y espiritual.

Me comprometo conmigo a todo esto y más. Me amaré y caminaré, habrá pausas, pero eso estará bien, descansaré y volveré a continuar.

Me amo y me amaré todos los días, me daré palmaditas, me aplaudiré, me regalaré flores y chocolates.

Con amor de mí, para mí.

_____

Firma aquí.

UN PLACER CONOCERME | KARLA JANICE RODRÍGUEZ

PENSAMIENTOS DE REFUERZO QUE ME ACOMPAÑARON EN EL PROCESO:

- Y cuando busques a Dios, prepárate porque te va a sorprender.

- Tú puedes con todo.

- Si algo no te hace feliz; quítale el único poder que tiene: tu atención.

- Aprende la diferencia entre conexión y apego. Una te da energía, la otra te la roba.

- Cuida lo que permites. Eso te llevará a creer que es lo que mereces.

- Ámate, te lo debes.

- Quiérete, te vas a necesitar.

- Dios está arreglando los pedazos rotos de tu vida.

- Cuando te permites lo que mereces, atraes lo que necesitas.

- Tomas mejores decisiones cuando sabes cuánto vales.

- El mejor consejero está a solo una oración de distancia.

- Lo que se siente como final, es usualmente el

inicio.

- No puedo con todo y está bien.

- La clave del éxito está en darle el primer lugar a Dios.

- Dios es tan fiel, que derriba tus planes antes de que esos planes te derriben a ti.

- Mija, eres más fuerte de lo que imaginas.

- Eres más capaz de dar amor, cuando vives una vida que amas.

- En la vida, algunas veces tendrás que elegir entre ser amado o ser respetado. Elige el respeto, porque el amor sin respeto es siempre fugaz... pero el respeto por si solo puede transformarse en un amor que quizá, dure para toda la vida.

- No necesitas tener un plan siempre, a veces solo necesitas respirar, confiar, dejar ir y ver qué pasa.

- Sé la energía que quieres atraer.

Made in the USA
Columbia, SC
22 May 2024